Hunde

Von Josef Guggenmos

Illustrationen von Janusz Grabianski

Die *Bulldogge* ist empört: »Wer hat da über meine Sorgenfalten gelacht? Macht ihr gleich, daß ihr fortkommt! Ihr beide – und du, *Spitz*, auch!«

»Wenn wir Hände hätten,
könnten wir auch Ball werfen«,
seufzt der *Terrier.* »Vier Beine
sind auch etwas wert«, meint
der *Pudel.* »Besonders,
wenn sie so schön krumm sind
wie die meinen«,
behauptet der *Dackel.*

»Hättest du sie ohne mich entdeckt?« Der goldrote *Irish-Setter* hat die Wildente im Moor gewittert und sie dem nachkommenden Jäger gezeigt.

»Hier ist der Hase gehoppelt«,
sagt der erste *Beagle*.
»Die Spur ist zum Greifen«,
meint der zweite,
»ein Wunder, daß der Jäger
sie nicht selbst riecht!«
»Ach, der trägt die Nase viel
zu hoch«, erklärt der
dritte Spürhund.

Der skandinavische *Elchhund* wagt sich an Elche und Bären. Die spitzen Ohren, die spitze Schnauze und der buschige, über den Rücken gerollte Schwanz zeigen, daß das mutige Tier ein großer Spitz ist.

Der *Waschbärhund* hat gelernt, im Dunkel zu jagen. Die kleinen nordamerikanischen Bären mit dem gestreiften Gesicht halten sich tags verborgen, nachts ziehen sie umher und suchen nach Früchten und kleineren Tieren; was ihnen nicht sauber scheint, tauchen sie ins Wasser.

Gazellen sind flinke Tiere.
Doch die *Salukis* fliegen förmlich
über die Steppe. Die Araber,
die mit großer Liebe an diesen
Windhunden hängen,
folgen ihnen auf ihren schnellen,
edlen Pferden.

Es gibt kaum einen edleren und anhänglicheren Hund als den *Collie*. Wenn man ihn in fremde Hände gibt, wird er vor Heimweh krank.

Wenn der *Bernhardiner* einen erschöpften Bergwanderer findet, läßt er ihn einen stärkenden Trunk aus dem Fäßchen, tun, das an seinem Hals befestigt ist. Dann holt er die Mönche des Bergklosters zu Hilfe.

»Gibst du her!« Der *Schnauzer* mag nicht: »Ich brauche den Pantoffel zum Spielen! Zwei Pantoffeln sind's – einer für dich, einer für mich!«

Auch für die *Dingos*
beginnt ein neuer Tag.
»Welche Beute wird
er uns bringen? Vielleicht
gar ein Schaf?«
Die australischen Farmer
sehen diese Wildhunde
nicht gern.

Der Blindenhund, ein *Deutscher Schäferhund,* kennt die Verkehrsampeln. Er kennt auch den Briefkasten, die Bäckerei, die Haltestelle der Straßenbahn.

Der Einbrecher flieht im Morgengrauen. Doch der Polizeihund – ein weißer *Ungarischer Hirtenhund* – holt ihn ein.

Ein *Scotch-Terrier* läßt sich
nicht gern ein kleines Abenteuer
entgehen. Ein Sprung,
und das stämmige schwarze Kerlchen
mit den buschigen Augenbrauen
und dem drahtigen Bart
verschwindet im Kaninchenloch!

Windhunde fühlen sich in unserer Wohnung »hundeelend«. Sie wollen zeigen, was in ihren Beinen und in ihren Lungen steckt.

Der *Portugiesische Wasserhund*
holt gerissene Netze aus dem
Meer, er bringt Dinge zurück, die über
Bord gespült wurden,
er spielt den schwimmenden
Briefträger zwischen den
Fischerbooten und der Küste.

Der Eskimo hat sich bis
zur Nase in warmes Zeug verpackt.
Die *Laika-Polarhunde,* die
seinen Schlitten ziehen, schützt
ihr langes, dichtes Haar in
Eis und Schnee.

Der herrliche *Collie* ist im schottischen Hochland daheim. Dort hütet er Schafe. Dem klugen Hund kann man ganz allein eine große Herde anvertrauen.

»Piep, piep! Wer einen *Neufundländer* zum Freund hat, dem kann nichts passieren!«

Über Indien funkeln die Sterne. Die scheuen *Paria*-Hunde haben den Tag in Verstecken außerhalb der Stadt verdöst. Jetzt schweifen sie durch die Straßen und suchen nach Abfällen.

Der *Boxer* hat Lust auf eine Rauferei. Aber auch im *Airedale-Terrier* steckt ein Draufgänger, der vor nichts Angst hat.

Der langzottige *Altenglische Schäferhund* ist Wind und Wetter gewachsen. Die *Deutsche Dogge* gehört zu den stärksten und gefährlichsten Hunden. Zu den kleinsten Hunden der Welt zählen der *Chihuahua* (sprich Schiwáwa) aus Mexiko und der *Zwergpinscher*.

»Sind wir nicht prächtige
Gesellen, einer wie der andere?«
fragen der *Dobermann,* der *Dalmatiner,*
der *Airedale-Terrier* und der *Spaniel.*
»Aber ich bin der Schönste!« sagt die
Bulldogge und stellt sich vor sie alle.

»Zu uns muß man ›Sie‹ sagen«, meinen der zierliche *Malteser* und der elegante *Afghane.* »Papperlapapp!« brummt der *Pointer.* Schaut er nicht wie ein wackerer Förster aus?

»Keine Angst, *Corgi*, das Gewitter kommt nicht zu uns ins Haus!«